AF450910

Canción de
Vida
en clave de Amor

Feli Moreno Romero

CANCIÓN DE VIDA EN CLAVE DE AMOR

Primera Edición: 1998
Segunda Edición: 2010
Tercera Edición: 2016
Cuarta Edición: 2018
Quinta Edición: 2023
Sexta Edición:2023

www.librosconatenea.es

Ilustraciones: Javier Roda Romero

Dedico este libro:

A mis padres, con todo mi cariño y gratitud.

A mis hijos. Mis tres tesoros.

A mis grandes amores.
Siempre están en mi corazón.

A mi familia.
A todos mis amigos/as, compañeros/as,
maestros/as, alumnos/as y colaboradores /as.

A los niños, a los ancianos, a los enfermos y a los

hermanos olvidados, que tanto me han
enseñado.

A todos los que luchan y trabajan por

mantener la salud del planeta y todos sus
habitantes,

amando y respetando la Naturaleza.

Y a todos los que deseáis compartir esta
experiencia,

mi más sincero agradecimiento.

Presentación

Alguien dijo una vez...

«Cada ser humano lleva en su interior un ser mágico dormido. Sólo unos pocos permiten que despierte y actúe.

Hacer poesía es una de esas raras ocasiones en las que permitimos despertar a nuestro ser mágico, iluminando por ello el mundo con la palabra que nace del corazón. Feli Moreno es todo ternura, alegría, belleza y amistad. Los que tenemos la suerte de conocerla, lo sabemos bien...

Sabemos que lo que contiene este libro no es mas que el reflejo de un corazón maravilloso, actuando a través de la poesía, para disfrutar y que disfruten de su ser mágico.

Verónica P. Muñoz

Propósito

Canción de vida... en clave de amor, de servicio, de aceptación, de gratitud y alabanza.

Cierto es que tardé en decidirme a recopilar, exponer y compartir, con todo aquel que quiera o necesite sentir y recorrer este desnudo integral del ser, del alma.

No obstante, «lo que ha de ser siempre es». Digo integral porque todos y cada uno de sus cuerpos están descritos y plasmados.

El cuerpo físico con el dolor, el sufrimiento y el fuego en las entrañas. El cuerpo emocional a través de los sentimientos, la soledad, el amor, la pasión, la alegría y la amistad. El cuerpo mental con el pensamiento, los sueños, la visualización. El cuerpo espiritual, con la creatividad, la canalización, los mensajes y el amor infinito que impregna de luz todas las notas de esta sencilla canción de vida.

Deseo que estos «sentimientos en voz alta», me permitan estar más cerca de muchos corazones que ya saben que la llave es el AMOR y otros muchos que seguramente están deseando saberlo, o simplemente no les interesa todavía.

Dice un proverbio chino: *«El día empieza cuando uno despierta»*.

Muy buenos días de todo corazón y feliz despertar.

Gracias a todos y que Dios os bendiga por toda la eternidad.

Feli Moreno Romero   Madrid, Mayo 1998

Misticismo

SOLEDAD DEL ALMA

Soledad, ansias de vida,
deseos de escribir sin medida.

¿Es posible que mi mente retenga
tantos pensamientos como desfilan
por ella en un segundo?

Ay, soledad de los hombres,
bella y necesaria como la propia vida,
pero cruel y desgarradora
cuando no tiene la luz de la esperanza,
la posibilidad de vida.

Te deseo y me aterras,
soledad del alma mía.

No. No dejaré que me atrapes
en tus brazos.

Mi espíritu es ilimitado y eterno,
mi amor, ¡Ay mi amor!
Mi amor es llama viva,
que me hace delirar en su locura
y llorar por su infinidad.

* * *

Marzo/69

ENCUENTRO

Un nudo, un puñal,
un hierro ardiendo,
un ramillete de espinas,
un sollozo que se ahoga.
Unas garras muy adentro,
en un instante... siento, siento,
pero no es sólo un instante,
continúa, sí, es cierto,
no me responde el cerebro
y sin embargo lo siento.

¿Es que mi carne es tan débil
que no resiste el encuentro?

Encuentro tan deseado,
en el que pedí llevar,
aunque no tuviera fuerzas,
la cruz que lleva mi Amado
y ayudarle a caminar.

*   *   *

Marzo/69

FRÍO, HIELO, NIEVE

$\mathcal{F}$río, hielo, nieve,
viento que penetra en la médula de mis huesos;
dentro, en este templo divino,
recubierto de carne y sensaciones,
fuego, amor que abrasa,
hierro incandescente que marca,
fiebre, delirio, música...

Un paseo en trineo,
un niño que me pregunta
¿Por qué? ¿Para qué?

Sus ojos, su pureza,
mi amor, mi lucha,
una vela, una llama inextinguible,
mi ángelus, mi savia,
una trompeta, una lira,
mi mente, mi corazón.

Unas manos que me necesitan.
Ese niño... ese niño...
No llores mi vida
no llores, por favor,
que se me parte la vida
que me sangra el corazón.
¿Quién me podría decir que
las lágrimas son agua?
No. Nadie. Son fuego,
fuego que hace surco,
fuego que purifica.
¡Cuánta vida me da este fuego!

¿Qué fuerza es la que me hace dejar una tierra que
venero,]
para volar a un rincón, para encadenar mis horas,
mi vida, mi corazón, con un imán que me espera,
que deseo, que es sinfonía de amor?
¡Dios mío, que se desborda el volcán!
¡No dejes que se pierda tanta lava!

Quiero que sea como un manto
que recubra sus cuerpos desnudos,
la soledad, la ceguera y el frío
que llevan en el alma.
Flores artificiales, que se abren en un día,
sin savia, flores que no dan fruto,
labios fríos, sin vida, sellados con hiel.

Manos que no saben de caricias
que nunca han engendrado amor.
Ojos que no saben transmitir ni recibir,
bolitas de corcho, agujas de hielo,
trocitos de papel que se emborrona
porque no se puede escribir ni leer nada en ellos.
¡Qué pena Señor!

Fuego, amor, fiebre, paz, agua.
Un hombre... una mujer...
un niño...

No quiero perder todo esto,
embriágame con tu música,
con la ilusión que estoy viviendo,
con estas horas tan felices
que tal vez no me merezco.

Átame muy fuerte a todos ellos,
pero átame tú,
porque la lava también puede romper las amarras.

*   *   *

Diciembre/70

NO ME FALLES TÚ TAMBIÉN

¿Qué ojos, labios, brazos y pensamientos,
son los que turban y alteran nuestra intimidad?

Ojos, como el mar, que al acercarse a la roca
sus caricias son heridas.

Labios como un torrente de agua fría y vital,
con la que deseo limpiar mis heridas.

Brazos firmes y voluntariosos,
con los que puedo contar en la lucha
y a los que quiero entrelazar los míos.

Pensamientos que me inquietan,
me engrandecen y me humillan,
pensamientos que quisiera tener por siempre
en mi mente.

¿Todo esto es el motivo? ¿Qué me dices?
Por favor, no me falles tú también.
No dejes que me falte la luz,
ya que sin ella no sabría
cómo curar mis heridas,
cómo calmar mi sed
y cómo entrelazar mis brazos.

*　　*　　*

Febrero/78

DESCANSO QUE NECESITO

*T*ú que sabes mi alegría,
mi soledad, mi dolor,
mi lucha, mi incertidumbre,
mi cruz y mi caminar,
dame la receta mágica
que me deje descansar,
allí donde siempre sueño,
porque sé que en esta vida
no dejaré de soñar,
con agua, flores y mares
y un corazón para amar.

Descanso que necesito
para volver a volar,
para seguir caminando,
para no dejar de amar,
hasta que en mi nueva vida,
descansando entre tus brazos,
y eternamente soñando,
ya no sufra al despertar.

* * *

Febrero 94

ÉSTA ES MI ORACIÓN

*S*eñor, Tú que has llenado mi corazón
de amor para todos los que sufren,
mis manos de caricias
para calmar el dolor,
mis labios de sonrisas
para combatir la tristeza,
mis ojos de luz
para iluminar los caminos en penumbra,
llena también mis oídos de tu voz.

Ayúdame a hacer siempre
lo que Tú quieres que haga;
y recuerda, que a veces soy tan frágil,
que también necesito su ternura, su cariño,
su comprensión, su calor... sus palabras
para que todo lo que Tú has colmado,
siga dando frutos de amor infinito.

Señor, estoy llena de Ti,
pero he de ser caracola vacía
para que en ella puedan oír
todos el clamor de tu llamada
y que éste cuerpo insignificante
vibre al reproducir tu voz.

Ésta es mi oración.
¡Perdona a todos los hombres
y mándanos la Paz, Señor!

*　　*　　*

Marzo/94

Ésta es mi oración.
¡Perdona a todos los hombres
y mándanos la Paz, Señor!

*　　*　　*

GRACIAS A LA VIDA Y A TI MADRE

*N*ecesito dar gracias a la Vida,
al Gran Amor que me acompaña noche y día,
que está llenando todo mi ser y mi corazón,
que permite este renacer radiante.

Soy un ser de Luz, soy un ser de Paz,
soy un ser de Amor, sólo vivo para Amar.

Esta primavera es diferente,
todos los días recibo un regalo
de amistad, de alegría, de fraternidad.

Siento un fuego abrasador
hasta por las cosas más pequeñas e insignificantes.

Gracias, madre Tierra,
porque, cuando me tumbo sobre tu alfombra
de hierba y flores, puedo acariciarte
y tú me devuelves tu calor, los colores
y el aroma de tus flores,
la fragancia penetrante del tomillo y la jara,
las esencias de los pinos,
la música de los arroyos y los pájaros.

El sol de mi corazón que se funde
con tu fuerza y con toda la creación,

El atardecer me invade,
eleva mi espíritu
y el brillo de las primeras estrellas
me transporta hasta ti;
la luna me hipnotiza,
me cubre de luz y me hace transparente;
como tú, yo también ilumino los caminos
y me siento iluminada.

Gracias, por haber puesto en mi vida
tantos tesoros, tantas ventanas, tanto Amor.

Gracias, una vez más,
porque él me ayudó a encontrarlos,
porque él es mi regalo mejor,
porque gracias a su amor
estoy más cerca de Ti,
porque gracias a su amor,
me siento libre y feliz.

✳   ✳   ✳

Marzo/94

AYER ESTUVE CONTIGO

Ayer estuve contigo
y ahora y siempre estaré
junto a ti Madre querida,
compartiendo tu tristeza,
sintiendo tu padecer.

Tus ojos lo dicen todo,
tu amor de Madre y mujer.

Déjame que siempre guarde
los siete capullos rojos
que tú dejaste caer,
rojos de pasión y sangre
que aquella divina noche,
en aquel divino cáliz,
Tu Hijo aceptó beber.

¿Cuál sería Blanca Aurora,
tu dolor al caminar,
junto a ese Hijo querido,
al que, aún siendo leño verde,
iban a crucificar?

Te quiero, Madre, te quiero,
te quiero siempre cantar
con el alma, con mi vida
con lo que Él me quiso dar.

¡Madre de amor, Madre pura!
María de los Dolores,
en tu amargo desconsuelo
te canto «pa» que no llores.

*   *   *

Mayo/94

QUIERO, DESEO, SÉ

Quiero, deseo, anhelo,
intuyo, sé.
Con toda certeza sé,
que la fuerza de mi pensamiento
me hace feliz, aquí, ahora,
pero puedo ir más lejos aún.

Sé que voy a triunfar en mi vida,
sé que merezco ser feliz
y deseo seguir haciendo felices
y amando a todos los que por mi vida
han pasado, pasan y pasarán.

Estoy preparada para conducir mi vida
y no quiero ser conducida
de manera inútil y errónea;
sé, una vez más, que cuento con tu Amor,
y con el de los que has puesto en mi camino.

Quiero seguir el trayecto,
posiblemente el más duro,
siempre de tu mano,
Señor, sigue llenando mi corazón
de amor, de luz,
mi cuerpo de salud y fuerza
y mis ojos y mis manos de infinita ternura,
para que todo el que se acerque a mí,
se sienta protegido y acariciado,
al igual que Tú haces conmigo,
cuando estoy en tu presencia.

*   *   *

Agosto/94

QUISE CORRER TRAS LA ESTRELLA

*Q*uise correr tras la estrella
que al pasar por ese túnel
pude su brillo tocar,
su luz blanca, rosa y ámbar
llenaba mi ser de Paz.

Allí todo lo tenía,
yo me quería quedar.
Todo me fue respondido,
al fin podía descansar,
pero un telón denso y rudo
de nuevo me hizo bajar.

¡Vuelve de nuevo mi estrella,
que no me quiero extraviar!

Dame tu luz y tu fuerza
que aún me cuesta bajar.

Quiero sentir alegría
y fuerzas para empezar
otra vez un nuevo tramo
para volverte a alcanzar.

Dame tu chispa de amor,
que me quiero enamorar
de la vida, de las almas
y de sus formas de amar.
Que quiero seguir despierta
para volverte a encontrar.

*   *   *

Enero/95

CONFIESO QUE HE AMADO

Confieso que he vivido
y sigo amando la vida,
confieso que he sufrido
mas no me agarro al dolor,
confieso que he perdonado
y voy sembrando alegría.
Confieso que he amado
y sigo sintiendo Amor.

Gracias por la Vida,
gracias por todo Señor.

Por tantas veces como inundas
mi espíritu de paz infinita
al contemplar el atardecer violeta,
mis ojos de lágrimas y emoción
al sentir el dolor de mis hermanos
y los niños que mueren de hambre.

Gracias por sentir la alegría
de los jóvenes y ancianos
cuando viven en libertad y respeto.

Gracias, porque todos mis sentidos
son fieles servidores que Tú me diste
generosamente para que los disfrute
y comparta con los que me rodean.
Por mis hijos, por mi familia, por mis amigos,
gracias una vez más.

Por todo ello confieso: que te amo y me amo.
Que deseo ser feliz, amada y respetada.
Que quiero seguir creciendo,
sirviendo y ayudando
a crecer a los demás,
con salud, prosperidad y en armonía para todos.
Así es y así será.

*   *   *

Febrero/95

DIOS MÍO, DIOS MÍO

*D*ios, mío, Dios mío
¿cómo es posible que llore?
si siento el gozo de amarte,
si todo mi ser estalla de luz, de amor,
de alegría, de ternura y compasión.

Tú que escuchaste mis ruegos,
Tú que me concediste volver
cubierta con tu regalo mejor,
envuelta en velos y gasas
con hilos de oro y amor.

¿Por qué es tan dura la prueba?
¿Por qué siento este dolor?
Si vivo y amo la vida,
si disfruto cada instante
y cada día es mejor,
si mi corazón estalla
de tanto y tanto amor.

Cógeme hoy en tus brazos
que quiero sentir tu aliento
que me da fuerza y valor,
que quiero latir contigo

en alma, cuerpo y pasión.

¿Qué quieres hacer de mí?

Afina bien tu instrumento
que aquí me tienes Señor.

*   *   *

Febrero/97

LA VIDA ES UN GRAN JARDÍN

*L*a vida es un gran jardín
lleno de flores y espinas,
todos somos jardineros
de ese jardín interior
que llevamos cada uno
muy dentro en el corazón.

La primavera es radiante,
todo estalla de color,

¿cómo se puede vivir
entre el odio y la violencia?
con el corazón de piedra,
con la noche de los miedos
la mentira y el rencor.

Así no crecen las flores,
así no nace el amor.

La semilla más hermosa
amor, perdón, compasión,
necesita ser regada
con agua del corazón,
con abono de ternura,
con caricias e ilusión.

La vida está deseando
tener muchos jardineros
para que el hombre disfrute
aquí su pequeño cielo.

*　　*　　*

Mayo/97

¡OH, PADRE! ...

¡*O*h, Padre, cómo puedes enviarme
tanto amor, tanto fuego, tanta luz
en este pequeño estuche
a veces de cristal frágil,
y a veces fuerte como el diamante,
hermoso como un rubí
etéreo, firme, sutil...

¡Eheieh - Jehovah - Elohim!
Tus nombres me inundan de luz infinita,
de Paz, de amor por la vida y todas
sus expresiones, por todas las criaturas,
los elementos y el cosmos.

Permite que se expanda, que irradie
a todos mis órganos, los vivifique y los sane,
que pueda ser un gran centro emisor,
una fuente inagotable para todos
los que pasen por mi vida, amigos,
familiares, maestros, adversarios,
compañeros de camino y aprendizaje
a todos quiero que llegue el **YO SOY**.
En tu nombre y por Él, que así sea.

Gracias, porque sé que siempre
me escuchas y me amas... desde toda la eternidad.

* * *

Mayo/97

ARCO IRIS

*L*a vida me ha vuelto a dar
regalos de mil colores:
rojo de amor y pasión,
rosa de gozo y ternura,
verde de la sanación,
naranja de la alegría,
amarillo de mi sol,
negro de sombras oscuras,
de tristeza, de dolor.
Azul del mar y del cosmos,
magenta de mi oración
y un violeta que transmuta
mis miedos y mi dolor.

Peldaños de la escalera
que me conduce a tu amor.

Sujeta bien la cordada
que estoy subiendo, Señor.

Que hoy estreno un año más
y escalo un nuevo color
en la cumbre de mi alma,
mas no me quiero parar,
si eso fuera lo mejor...

*　　*　　*

Junio/97

LA LLAVE ES EL AMOR

Que fuerza tiene el amor...
no existe alquimia mejor,
ni magia más verdadera.
Te puede cambiar la vida
cuando menos te lo esperas.

Qué fuerza tiene el amor...
que tan sólo pienso en ti,
una y mil veces más,
y al momento estás ahí,
transformando mi silencio,
el miedo y la soledad,
en ilusión y alegría,
sonrisas y libertad,
a través de una llamada
que siempre llamando está,
a través de esas palabras
que me apoyan o examinan
y siempre me hacen pensar.

La vida no tiene prisa,
no se cansa de esperar,
lo que ha de ser siempre es
y lo que no fue será,
en este lado del velo,
en el otro o más allá,
donde se encuentra la puerta
en un cruce del camino
para el que viene o el que va,
con un letrero que dice:
La llave es el **AMOR**
y **YO SOY** todo abrirá
La vida sigue esperando...
la puerta... abierta está.

* * *

Julio/97

ASÍ TE SIENTO

Sería bello y hermoso
caminar de nuevo por tus prados
con las túnicas blancas
y el alma resplandeciente…

Sin edad, sin miedos,
sin sufrimientos, sin prisas,
sin apegos ni deseos.

Solo paz, armonía, juego
bendición y alabanza eterna.

Con la alegría de la adolescencia,
con el fuego y la dulzura del primer amor,
con la sabiduría de la madurez,
con la inocencia y asombro del niño,
con el gozo de la maternidad,
con la belleza de la naturaleza,
con la magia del color y la música.
con la frescura del arroyo en primavera.
con la fuerza del mar,
con la pureza de la nieve,
con la fragancia de los nardos,
con el calor del sol,

con la armonía del cosmos,
con toda tu obra en mí...
Así te sueño Señor.
Así te espera mi alma.
Así te siento, mi Amor.

❋   ❋   ❋

Noviembre/97

Mis amores

SUEÑOS

Sueño que estoy en el campo,
tendida sobre la hierba,
y resbalan por mi pecho
gruesas lágrimas de fuego,
como gotas de rocío
que caen sobre una azucena,
afines sobre mi cuerpo.
Raudas bajan por mis senos,
se desvían y se pierden,
la hierba también las siente
y los pequeños insectos
se azaran nerviosamente
al ver que arrancar no pueden
toda la hiel de mi mente.

Veo, para mayor tristeza,
que nadie mi ausencia advierte,
que el vacío es más intenso.

¿Por qué no quedarme inerte?,
pero una espiga me dice:
¿Por qué morir si no es cierto?

¡Descubre tu blanca frente y resucita tu cuerpo!

¡La espiga también me quiere!

Pues al alzar la mirada,
tras un horizonte inmenso
veo tu figura clara.
¿Por qué llorar... si le quiero?
¿Por qué llorar... si me quiere?

*　　*　　*

Agosto/68

NIEVE EN EL PARQUE

*T*arde blanca, inolvidable

nieve virgen, amor puro,
sauces y pinos bordados caprichosamente.

Agua cristalina que emana paz,
maná que llenaba nuestras almas
de una llama incandescente
y vitalizaba nuestros cuerpos jóvenes.

¿Sueños? ¿Recuerdos? ¿Deseos?
No. Ha sido realidad imborrable,
ilusión puesta en unos metros de celuloide
para plasmar esos momentos.

Sobre el manto de armiño
con que se cubrió el césped...
nuestras huellas.
Árboles, bancos, piedras esculpidas,
fuentes, risas, fantasía, nieve...
batalla sin cuartel, dardos de nieve,
caídas, risas, objetivo...
condecoración en el combate:
un beso,
tan puro y tan ardiente como la nieve

que modelábamos entre las manos.

Quiero hablar a los árboles de ti.
Tan, tan, ¿Se puede?
Tiro de una rama
y una cascada de copos inmaculados
me engalana cual flor de loto.

Tú quieres retenerla
en un estuche de hierro y cristal
pero ella prefiere estar
en el estuche de tu corazón
y en el álbum de tu vida.

Calma, nieve, silencio, agua, luz, amor,
sinfonía de copos y corazones
que han de ser bendición y gloria de Dios
bajo el pentagrama del cielo.

*   *   *

Enero/69

NO PIENSO

No pienso, no pienso, no pienso,
que puedo perder tu amor.

No pienso, no pienso, no pienso
que por mucho que buscase
no lo encontraría mejor.

No pienso, no pienso, no pienso
que en mis horas de dolor
pude abatir la tristeza
porque él no me abandonó.

No pienso, no pienso, no pienso
que yo existo por Tu amor.

Amor, ya sé que quisieras
hacerme gema y coral
y no piedra de cantera,
pero es tanto mi egoísmo,
mi locura y mi ceguera,
que camino amando mal
y no hago lo que Tú quieres
aunque mi alma quisiera.

*　　*　　*

Junio/69

PENTAGRAMA

*E*l agua verde plomizo,
el cielo rosa violáceo,
y sobre el puente de palos,
nuestros besos, nuestros pasos.

¿Por qué me quieres? Preguntas.
¿Por qué te había de querer?
Porque siendo un solo hombre
y yo una sola mujer,
de dos corazones juntos
formamos un solo ser.

El parque inspira recuerdos
de flores, juegos y amor,
recuerdos de hojas secas
y de capullos en flor,
recuerdos de aguas tranquilas
bajo un arco de color.

Los cisnes están contentos
y en la gruta se oyen ecos,
que esparcidos por el cielo,
en esta tarde de enero,
describen un pentagrama
en unísono TE QUIERO.

*   *   *

Enero/70

EL VIENTO

*S*i sientes que cogen tus manos,
que una piel tibia acaricia tus labios,
no tengas miedo, no te preocupes, mi amor,
porque son besos del viento...
y es que ese viento soy yo.

Si sientes unas palabras muy cerca
que te llaman, que huelen a hierba fresca,
no te asustes vida mía,
no tengas miedo, mi amor,
porque es la canción del viento...
y es que ese viento soy yo.

Si crees que unos brazos te estrechan,
si piensas que mi cuerpo te acecha,
no tengas miedo cariño,
no te preocupes mi amor,
son mi vida y mi alma el viento...
y es que ese viento soy yo.

* * *

Mayo/70

BUENOS DÍAS, AMOR

Buenos días, amor, buenos días y gracias

por hacerme tan feliz en estos años de amor,
por darme todo el calor de tu comprensión,
por recibir tantos y tantos deseos de amar
como llevo almacenados en mi ser.

¿Qué serían mis pasos, si no tuvieran el apoyo
de tus manos?
¿Qué sería de mis ojos si no fuesen
junto a los tuyos en busca de la verdad?

¿Qué sería mi amor,
si no pudiese decirte cada día
que te amo más que ayer?

¿Dónde irían a parar los latidos de mi corazón
y mis ansias de vivir
si no se encontrasen con tu alma?

¿Es que existe en este mundo mayor motivo
de paz y alegría que estar junto al ser amado?

Buenos días, amor...

*   *   *

Enero/72

A MI PADRE

*H*ace 63 años, en un día como hoy
y en un pueblo de la sierra
vino al mundo Juan Gregorio
el más pequeño de seis
hijos de una madre buena.

Para ella era su Goyo,
de los seis el más pequeño,
sin embargo para mí
es el más grande y más bueno.

Su infancia siempre fue dura,
su juventud esforzada,
su lema siempre el trabajo,
el sudor en frente alzada.

Y su mayor alegría
que su madre se alegrara.

No sin grandes sacrificios,
formó su hogar y su casa,
su trabajo y su familia
fueron su mejor morada,
sus hijos y su mujer
su ilusión más anhelada
y por si esto fuera poco
tiene un coche y un negocio.

Pero esto es poca cosa
si con otras se compara
pues tiene hijos y nietos
de los que poco disfruta,
pero sabe que le quieren
aunque diga que no ayudan.
Papá, nunca has de olvidar
que siempre te hemos querido
y te seguimos queriendo,
cada día más y más.

*   *   *

Junio/85

SIN TI

*T*antas y tantas noches, tan sola;

tantas y tantas noches, sin fin;
tantas y tantas noches, llorando;
tantas y tantas noches, sin ti...

Sabes que eres lo primero
de mi vida, y mi sentir.
Sabes bien cuanto te quiero,
sabes que sin ti
no puedo, ni quiero, ni sé vivir.

¡Por favor, no me abandones!
No sabes lo que es sufrir,
sólo entiendes de tus gustos,
no te importa la tristeza,
ni el fracaso, ni la amargura,
ni lo que siento por ti.
Ríos corren por mi cuerpo,
mi corazón desbordado,
mis ojos, ya casi secos,
no recuerdan esos labios
que mil veces he besado.

¿Por qué te escapas de mí?
¿A qué tienes tanto miedo?
¿Por qué me dejas tan sola
si sabes cuánto te quiero?

Mis lágrimas son fuego ardiente,
mi recuerdo una tortura.
¿Por qué fuimos tan felices?
¿Acaso fue una locura?

Mis entrañas dieron frutos
y nuestro amor aumentó.
Yo que por ti lo di todo
Dime, amor, ¿qué tengo yo?

*　　*　　*

Marzo/86

CALLAN PORQUE ELLOS
YA SABEN BIEN

*N*o dejes de abrir mis ventanas,

no dejes de envolverme en el raso de tu voz

no dejes de acariciar mi alma,

no dejes de hablarme por favor,

no dejes que me aprisionen estas cadenas,

no dejes de embriagarme con tu olor

a hierba recién cortada,

a tierra recién mojada,

a varas de almendro en flor.

Cántame con tu sonrisa,

con tus letras, con tu voz,

con tu fuerza, con tus ojos,

que con esos ingredientes,

tal vez resista el dolor,

el dolor de los recuerdos,

del cariño, del sentir.

¡Pensar en lo que daría
por poder estar allí!
paseando en la montaña,
o bajando hasta el mar,
caminando siempre juntos
por la orilla, hasta entrar
poco a poco... en ese agua
que nos inunda de paz.

En silencio, sin palabras,
tan solo el respirar,
con olor a sal y algas,
oyendo solo las olas
y las gaviotas volar.

Y en el horizonte un sol
que ya nos quiere dejar,
cubiertos de cobre y oro
y, con su manto dorado,
para irnos sumergiendo,
según ya lo había soñado,
bañarnos de eternidad.

En la brisa una poesía
que me gusta recordar:
«nuestros ojos, nuestras manos hablan...
nuestros labios, nuestras voces... callan,
callan... callan... callan...
porque ellos ya saben bien
que no hacen falta palabras
para transmitir al cuerpo
lo que se siente en el alma».

*　　*　　*

Febrero/94

ENTRE LO BLANCO Y LO NEGRO

*T*us ojos negros, tus ojos,
tu pelo negro, tu pelo,
tu sonrisa y mi alma, blancas,
blancas por fuera y por dentro
y entre lo blanco y lo negro
nuestras almas, nuestro cuerpo.

Tus manos, dulce caricia,
tu voz remanso de paz,
mi palabra tu alegría,
mi alma tu libertad.

¿Por qué sufres vida mía?
si nada nos va a faltar.

Él, que todo te lo ha dado,
te ha querido regalar
el regalo de la Vida,
para que esta primavera
y mil primaveras más
te vuelvas a enamorar.

* * *

Marzo/94

QUE NO QUIERO

*M*urallas le puse al viento

barreras a los recuerdos
y una cerca con espinos
para aislar los sentimientos.

Mil veces me repetí:
«Si te he visto no me acuerdo»
y a pesar de las barreras,
de las cercas, de mi empeño,
sin apenas darme cuenta,
una y mil veces más
... allí estaba... tu recuerdo.

¡Que no quiero!
¡Que no puedo!
Día a día me decía,
... y en el mar te recordaba
... y en la noche te sentía,
... y una voz me respondía:

¿Como quieres olvidar
el recuerdo de aquel día
cuando fuiste tan feliz
sintiendo lo que él sentía?

*   *   *

Abril/94

FÍJATE SI SOMOS GRANDES

*M*e dices que estás enamorado,
yo te digo que también
y al preguntar: ¿cómo, cuándo?,
respondemos a la vez:
de la Vida, del Amor
de este nuestro propio Ser.

Fíjate si somos grandes,
si tenemos en común
cielo, tierra, mar y aire
y un mundo lleno de luz.

Navegando siempre juntos
¡cuántos mares surcaremos!

Si hay tormentas, creceremos.
Si hay quietud, despertaremos.

En la tierra o en el mar
hemos de seguir viajando
con ilusión, con afán,
con un puñado de estrellas,
que nos quieren alumbrar
y nos van a acompañar,
que son nuestros sentimientos,
que son nuestras alegrías,
que son las ganas de amar
al despertar cada día.

*　　*　　*

Abril/94

ME GUSTAN TUS SILENCIOS

*M*e gustan tus silencios
repletos de ternura.
Me gusta ver tus ojos,
como en ausente mirada,
amando con locura.
Me gusta ver tus labios
exentos de palabras,
sabiendo que tus ojos
están iluminando
rincones de mi alma.

Escucho claramente
el diálogo interior
de dos almas que se buscan,
de mi Ser en paz, en calma,
y el sol de tu corazón,
que a través de su silencio,
me sigue pidiendo a gritos
que le envuelva con mi amor,
que le diga a cada instante
esas frases en silencio
que siente a su alrededor,
que cuando le tengo cerca
y las pienso con fervor

se vuelve rápidamente
como si oyese mi voz.
Me gustan esos silencios...
Me gustan esas miradas...

Me gusta ver siempre juntos
tu pensamiento y mi alma,
el sol y el amanecer,
la luna y el mar en calma
y de nuevo una vez más...
tu pensamiento y mi alma,
paseando por la Vida
con todos nuestros tesoros
con toda nuestra energía,
sin temores, sin rupturas,
formando un Ser de Luz
de nuestras dos estructuras.

Es tan fuerte mi deseo,
mi mente, mi voluntad,
que será cuestión de tiempo,
te lo puedo asegurar,
y cuando sea el momento,
así es, y así será.

*   *   *

Mayo/94

TE PERDISTE LO MEJOR

A pesar de ser tan fuerte,
del cálculo, del control.
de escribir tan sabiamente
sobre temas importantes
de sentimiento y razón,
a pesar de creerte libre
y no aceptar el temor,
a pesar de haberle puesto
etiquetas al amor,
con uso y modo de empleo
a sentimiento y razón,
con miedos de mil colores
y ataduras invisibles,
pero que de acero son,
a pesar de las excusas...
¡te perdiste lo mejor!...

Vivir unos sentimientos
tan dignos de ser vividos,
de ser bien alimentados
y de ser reconocidos.

Escuchar esas palabras
que estaban pidiendo a gritos
ser oídas, ser sentidas.
¡Cuando eran tan hermosas
para haber sido prohibidas!

Y ese arroyo de ternura,
de admiración, de calor,
que haciendo su agua tuya
calmara toda tu sed
y te cubriera de amor.

Ese tiempo interminable
para «amar y ser amado»
que la Vida te entregó,
también se vio controlado
por la aguja del reloj,
por las prisas y el deber,
siendo lo que no quería,
ni lo que podía ser,
siendo algo bien distinto
del Amor, de la alegría,
de la falta de temor,
del que bien sabe querer.

Si alguna vez en tu vida
te volviese a suceder,
no lo dudes ni un instante
¡no lo vuelvas a perder!,
porque a pesar del recuerdo,
del silencio, del perdón,
a pesar de los pesares:
... ¡TE PERDISTE LO MEJOR!

*   *   *

Abril/94

¿POR QUÉ HOY SIN DESEARLO?

¿Por qué hoy sin desearlo,
de nuevo he vuelto a beber
ese cáliz agridulce
que me hace estremecer?

¿Por qué encendiste ese fuego,
que en tus ojos y en mi alma
llama inextinguible son?

¿Por qué me diste a beber
ese elixir de pasión
con sabor a menta y miel,
para luego convertirse
en agua de llanto y hiel?

No quiero amarrarme a nada.
No quiero sentir su piel.
No quiero sentir sus besos.
No quiero beber más hiel.
No quiero seguir queriendo.
No quiero vivir sin él.

Me ensordecen los silencios.
Se apoderan de mi ser,
la alegría, la ternura,
sus palabras, su pasión.
Y de nuevo su silencio,
me vuelve a hablar de su amor,
de aquella cálida noche,
de aquel instante fugaz,
que se nos fue de las manos
sin apenas darnos cuenta,
sin poderla transformar
en esa unión tan divina
de dos almas que se encuentran
en un mismo caminar
y forman un solo Ser,
para el que no existe el tiempo,
la distancia ni el poder,
sólo la Vida, el Amor,
la consciencia de unidad
vivida en un solo instante
por toda una eternidad.

*   *   *

Mayo/94

UN DÍA DEL MES DE MAYO

*U*n día, hace dos años,
un día del mes de mayo,
tu guía te presentó
un ángel con ojos tristes
que al cruzarse con los tuyos
en llama se convirtió
y en el fuego que no quema
todo su cuerpo envolvió.

Mas el ángel de ojos tristes
su secreto desveló
al dejar que con tus manos
y con toda tu energía
pudieras palpar su vientre
y saber de los tesoros
que allí guardados tenía.

Era un brillante precioso
cubierto de barro y sangre
que con el paso del tiempo,
con ternura, con cariño,
con recuerdos y alegrías
y alguna pizca de amor,
convirtió la sangre en flor
y su barro en un jarrón
de sutil alfarería,
conservando siempre fresco

su perfume y su color
ya sea de noche o de día.

El ángel tiene un brillante
que no cesa de irradiar
destellos de luz, de amor,
por donde quiera que va.

Pero sabe que el brillante
para poder proyectar
necesita de otras luces
que no dejan de brillar:

La luz del Conocimiento,
de su espíritu en paz,
la luz de tu pensamiento,
tu ternura, tu bondad
y esa tu "forma de amar".

Por eso en este día
este ángel de ojos bellos,
te ha querido recordar
que mientras él esté aquí,
por ti y todos los tuyos,
al igual que por los suyos,
siempre intercederá,
para que nunca nos falte:
CARIÑO, SALUD Y PAZ.

* * *

Mayo/94

DECÍA LA NIÑA MÍA

Cuando estaba el agua lejos
yo me moría de sed,
ahora que la tengo cerca
ya no la puedo beber.

A tu manantial llegué
rebosante de ilusiones,
de pureza, de alegría
y al tropezar con tus labios,
con tus brazos, con tu cuerpo,
sentí que la niña mía,
beso a beso, paso a paso,
poco a poco se moría
y que el cristal de mi alma
en trocitos se rompía.

Nunca pude imaginar,
tal pasión, tal agonía.

¡Que me muero, que me muero!
¡decía la niña mía!

Y entre el fuego y la pasión,
otra mujer renacía,
fuerte, orgullosa, feliz
de sentir cómo sentías,
lo que querías sentir,
de saber, como sabía,
lo que no podías decir.

*   *   *

Mayo/94

*Tomado del libro Antología Poética de Manuel Benitez

Carrasco. Poema «Soleá del agua que no quiero beber».

NO ME VUELVAS A ABRAZAR

¿*P*ara que servirán tantas lágrimas?
¿Por qué tanto dolor innecesario?

Soledad amada y temida,
deja de estrecharme entre tus brazos.
Me ahogo.
Me falta el aire de tanta tristeza,
de tanta indiferencia, de tanta mentira.

Sabes que siempre estuve cerca,
que siempre comprendí
que mil veces perdoné,
que en todo momento amé.

Amé más de lo debido,
tal vez de lo merecido.

No me arrepiento de nada,
ya que en dolor y alegría
en salud o enfermedad,
en escasez o en holgura,
siempre fue mi melodía
amar de noche y de día,
sin medida, sin premura.

Y a cambio de tanto amar,
soledad del alma mía,
estrechándome en tus brazos
me olvidé de respirar,
creyendo que era lo mismo
que la fuerza de tus besos,
de tus ojos al mirar.

¡Ojalá que sea un sueño
del que quiero despertar!
Soledad del alma mía,
¡no me vuelvas a abrazar!

*　　*　　*

Diciembre/94

AMOR, ESTOY CONTIGO

*C*uando tus pasos se muevan

en aguas pantanosas, cuando pienses
que el cieno puede ahogarte,
coge mi mano muy fuerte... quiero abrazarte.

Cuando tus articulaciones se doblen,
cuando pienses o creas que besaste el suelo,
acuérdate de mí. Mira hacia el cielo...
Incorporados, emprenderemos juntos
el mismo vuelo.

Cuando tu cerebro sea un crucigrama,
cuando las punzadas del odio,
la angustia, la soledad, no te dejen ver la luz,
recuerda como te amo,
recuerda un nombre... Jesús.

Cuando sientas la tormenta,
cuando veas corrupción,
cuando no encuentres belleza
cuando no tengas calor
y te invada la tristeza,
recuerda siempre... mi amor.

En las horas más tristes de tu vida
cuando todos te dejen, mi amor, mi amigo,
con el alma por la pena combatida,
suavemente te diré... amor, estoy contigo.

*   *   *

Diciembre/94

¿SUEÑO O REALIDAD?

*D*ime amor, por favor, dime
¿cual es tu fuerza, tu mente,
tu deseo, tu ansiedad
tu sueño, tu realidad?

Que cuando llegas de día,
casi siempre en la mañana,
es un torrente de luz,
envuelto sobre una llama,
que me cubre, que me abraza,
que me acuna en su vaivén,
para luego abrasarme
de la cabeza a los pies.

Incendia toda mi espalda
y se eleva con mi Ser,
diciendo a su vez el nombre
que me hace estremecer.

Por la tarde, siempre es suave,
susurrante, insistente
y apasionado a la vez,
sabiendo que ha confirmado
lo que quería saber,

sin pedir permiso a nadie
de dónde, cuándo y por qué.
En la noche es infinito,
difícil de describir,
como imposible creer.

Es una luz firme y clara
que se dirige hacía mí,
describiendo un yin yang
al fundirse con la mía.
Se difuminan, se extienden,
se contraen y se ondulan,
se superponen y elevan,
formando como una vía,
un largo puente, un camino
que une el cielo y la tierra,
para que nadie se pierda
al vagar por su destino.
Dime amor, por favor, dime
si fue sueño o realidad,
lo que siento cada día,
cada noche al despertar.

*　　*　　*

Enero/95

TU ERES FUEGO, YO SOY AIRE

*T*u eres fuego, yo soy aire
suave brisa, prana, viento,
la que mantiene encendida
la llama de nuestras almas
y el fuego de nuestro cuerpo.

Aunque vengan mil tormentas
aunque se inunden las tierras,
aunque siga caminando
al lado de su traición.
Con las entrañas abiertas
por el dolor y el amor,
aunque sé que está mintiendo
y que un día volverá
a pedir, a suplicar,
mendigando mis caricias,
para poderme abrazar.

A pesar de tanta lucha,
del perdón, de la tristeza,
la angustia y la soledad,
a pesar de todo esto
algo munca cambiará:
que tú eres fuego y yo soy aire
y esa llama siempre vive
por encima de los dos,
manteniéndose encendida
con el soplo de mi amor
y el calor de tu pasión.

Sigue siendo siempre fuego,
calor, refugio, alegría,
que gracias a tu cariño
no se congela mi vida.

*   *   *

Enero/95

SIEMPRE ROSA

*M*e arden las entrañas
de tanto amar.
Abismos insondables
son los surcos de mis lágrimas
que corren por la aridez de mi piel,
sedienta de caricias, de abrazos, de ternura.

¿Donde están vuestros besos?
¿Qué fue de tu pasión?
¿Por qué ahogáis vuestras voces?

Os amé, os amo y os amaré.
No quiero dejar de amar y sentir,
aunque pague facturas de sangre y fuego,
aunque mi alma siga viajando
siempre junto a vosotros.

Unidos por el miedo y la mentira,
unos por egos y quimeras infantiles,
otros por ataduras y reglas no comprendidas.

Y la rosa... deshojada, cortada
en todo su esplendor... herida,
esparciendo su aroma,

sin saber quien lo apreciará
o lo necesitará para ofrecérselo.
Los jardineros estaban muy ocupados
y se fueron olvidando de su sencillez,
de su belleza espontánea y natural.

Siempre estaba hermosa,
aunque no se la regara.

Ella quería estar arropada, protegida
dentro de tu corazón
pero tuviste miedo a acercarte,
a cogerla entre tus manos, a respirar su aroma,
a sentIr sus pétalos de terciopelo,
sus espinas de fuego,
su rocío transparente, su amor
a cambio de nada, su frescura, su color...

Ella siempre será ROSA, tenga jardinero o no,
rosa blanca, rosa roja, rosa de amor y pasión.

*   *   *

Abril/95

ESA FRASE

Tú que me permites dialogar y sentir su Ser
Tú, que sabes la fuerza de su pensamiento,
el poder de su mente, el fuego de su corazón,
el silencio impenetrable de sus deseos.

Tú que has permitido a mi alma
ver, oír y sentir la luz divina de su amor,
su presencia, su vibración, su miedo
su angustia, su dolor,

Tú que has hecho posible que siga creciendo
esta semilla, este despertar, este latido constante
que tan solo piensa en dar.

¿Cómo es posible que aún no haya podido
escuchar de sus labios esa frase
que me dicen otros hombres,
algunos de ellos mintiendo,
y muy pocos de verdad?

Esa frase que en silencio
mil veces pude apreciar,
meditando, cuando sueño
o incluso al viajar.

Esa frase, que en sus labios
me volvería a hechizar
con sabor a miel, canela,
vainilla, fresa y azahar.

¡Que néctar tan delicioso
si lo pudiera probar!
¿Será semejante al mío?
Tal vez pronto se sabrá.
Mientras tanto, el rey descansa
en su trono de cristal
con vara de luz hermosa.

La reina, que es una rosa,
tiene un corazón de flor
abierto de par en par
para recibir la frase
que siempre quiso escuchar.
Entonces sobre su cetro
su néctar liberará,
dejando fluir su shakti,
que al rey le regalará
transformada en una ola,
ola de felicidad.

Al fin su cuerpo y su alma
esa frase escucharán.

✳　✳　✳

Mayo/95

EL CRISTAL

Al igual que el cristal
mi alma recogió las vibraciones del amor.
Siendo piedra preciosa
¿por qué fuiste maltratada?

A pesar de tus destellos
de tu luz, de tu esplendor
¿para quién fuiste tallada
si su cincel fue dolor?

¿Por qué pagué dicho precio
si siempre devolví amor?
¿Cúal fue mi deuda pendiente
a cambio de tanto amar?

¡Si yo tan sólo quería
unas pizcas de ternura
y el apoyo de un amigo
para poder caminar!

Pero tal vez quien tallaba
en su talla quiso hablar,
plasmando en cada punta
su pureza, su verdad,

la dureza y lo sutil
del brillante y del cristal.
Es posible que esta alquimia
todo pueda transformar
y siga siendo mi alma
la vibración del cristal,
piedra de los mil colores
que no cesa de brillar,
drusa que absorbe y que da
calor, amor y energía.

Quiera Dios que en esta vida
pueda seguir repartiendo
salud, amor y alegría.

*　　*　　*

Mayo/95

LA LUZ DE LA VELA

*L*a luz de la vela ilumina mi cuerpo,
el suave perfume del jazmín incienso
recorre mi piel.

El humo describe su danza sutil,
despierta mi olfato, me hace sentir
fragancias y aromas que evocan placer,
aquí en mi templo, todo junto a mí
de nuevo en mi ser.

También tu recuerdo, tu amor, tu pasión
tu baile, tu cuerpo, tus besos, mi voz
tu imán, tu ternura, mi ingenuo temor...

¿Qué fue de ese instante?...
¿Qué fue lo mejor?...

Magia del enigma aún sin saber,
será, tal vez pronto, lo que quiere ser,
fuego de hombre entrelazado
con el aire de mujer,
danza encantada de amor
vivida al amanecer.

Me pediste una terapia
de amor para compartir
y siento que está pendiente,
mas no dejo de sentir
los recuerdos de esa noche,
tu respirar, tu fluir,
todo lo que llevo dentro
que te quisiera decir...
con mis labios, con mi cuerpo
bailando solo por ti,
vestida de piel y aire
y sabiéndome feliz
de estar bailando contigo,
bien envuelta entre tus brazos
como el día en que te ví.

*   *   *

Mayo/95

ESOS OJOS QUE ME MIRAN

Esos ojos que me miran...
en silencio, con dolor,
con ternura, con tristeza
con un infinito amor.

Nunca podrán engañarme
aunque lo intente su cuerpo
y los silencie su voz.

Son ojos que en otras vidas
compartieron mi esplendor
cuando tu eras mi sultán
y yo tu más bella flor,
la que bailaba por ti
cuando sonaba el tambor.

El brillante de mi vientre
dialogaba en su fulgor
con el brillo de tus ojos
y el fuego de tu pasión.

Esos ojos que me miran...
con la fuerza de un imán,
que se clavan en mi alma

sin que lo pueda evitar
y a veces me hacen llorar.
¿Acaso no estáis pidiendo
que nunca os deje de amar?
¿Hasta cuando nuestros labios
van a tener que callar?,
si tus ojos y mi cuerpo
están deseando bailar,
si no hay tiempo ni distancia
que nos pueda separar.

*   *   *

Mayo/95

QUERIDO AMIGO, AMOR DEL ALMA

Querido amigo, amor del alma,
en estos momentos duros
que me han tocado vivir
quisiera felicitarte por tantas
y tantas cosas que al hablar
ayer contigo he podido compartir.

Siento una gran alegría, un alivio,
un gran respeto por ti.
Al fin eras ya de nuevo tú,
a pesar de lo que otros
puedan pensar o decir.

Me gusta verte valiente,
sentirte libre, tenaz,
volando «alto entre cumbres»
como sabes que a las águilas
nos gusta siempre volar,
no con brújulas ni mapas
ni con argollas de seda
que nos puedan amarrar.

Tú eliges el nivel en el que quieres volar
cuándo duermes, cuándo cazas
y cómo quieres amar.
Camina fuerte y sin prisa,
no te dejes enojar
y recuerda si estás triste,
que aquí tienes una amiga
que siempre te ayudará
caminando junto a ti
con amor, con alegría
con ternura, con bondad
volando siempre muy alto
con vuelo de libertad.

* * *

Octubre/96

UNA VEZ MAS QUERIDO AMIGO

*U*na vez más, querido amigo,
le doy gracias a la Vida
en este instante por ti,
por este pequeño esbozo
que apenas tengo de ti,
que ya me hace escribir.

Gracias porque con tus manos
has sabido bien cubrir
con caricias y ternura
los surcos que en otro tiempo
abriera el mucho sentir.
Zonas que estaban desiertas
de mi cuerpo y de mi piel
de nuevo han sido regadas
convirtiéndose en vergel,
oasis de las mil palmeras
donde se encuentra el descanso
con aguas limpias, serenas,
que calman toda tu sed.

Sé que quedan muchas cosas
que podemos descubrir,
que vamos a compartir.

Cuando pienso en el desierto,
el cielo y su inmensidad,
me sobrecoge el silencio...
mi cuerpo empieza a temblar,
¿qué sentiré cuando llegue
y, teniéndote muy cerca,
pueda su arena tocar

con mis pechos, con mi vientre
y fundida en un abrazo
por una duna rodar?
¿cómo vibrará mi piel
cuando el sol vea salir,
vestida de luz y aire...
teniéndote junto a mi?

Sintiendo las dos caricias
que tú sabrás convertir
en metros de celuloide
para luego recordar...
transformando en obra de arte,
la alegría de vivir.

Y yo guardaré por siempre,
en un lugar especial,
dentro de mi corazón,
donde guardo mis tesoros
al igual que tu amistad
y los momentos de amor.

*   *   *

Abril/97

AMIGO, AMOR, COMPAÑERO

Amigo, amor, compañero
de mi alma, de mi vida,
sigue abriendo mis ventanas,
mis sentidos, mi alegría.

Tu palabra, tu voz, tu risa,
al igual que la primera vez,
siguen penetrando en mis entrañas,
envolviendo mi cuerpo y abrasando mi Ser.

Te siento tan cerca...
tan cerca de mí, que a veces
pienso, siento que nos escuchamos
en esos silencios eternos donde bailan
nuestras almas cuando se liberan
de sus cuerpos.

¡Qué fuerza!, (esos prados, la música
las velas, el aroma penetrante,
los pájaros, el mar.... nuestro mar,
el aire, nuestro espacio... el éter,
esta tierra que nos une y nos separa).

Mi fuego que sigue incandescente...
ese rescoldo que al menor soplo
se aviva, que prende con tu recuerdo
que abrasa cuando te escucha.

¿Qué fuerza tiene tu imán
que nadie ocupa tu espacio,
que nada borra tu huella,
que siempre te siento igual?...

*　　*　　*

Abril/97

A TI MI VIDA

Cabalga soledad mía,
cabalga desgarro en alma,
siente todos tus deseos,
engulle bien tus palabras.

El dolor de las entrañas
no solo es dolor de madre,
es un desgarro que sangra.

Pensé que sabía todo,
que todo lo había probado,
y me faltaba este cáliz
tan amargo de beber
aunque yo acepté probarlo.

Su recuerdo me acompaña
al igual que su sonrisa;
mas su vacío se siente,
porque aun antes de nacer
siempre fue bien deseado:
el primero de los tres,
el mayor de los hermanos,
hijo y amigo a la vez.

El primero que ha volado
de su nido familiar
con la ilusión por bagaje
de aprender y despertar.

*　　*　　*

Febrero/98

CUÉNTAME, AMIGA VIDA

Cuéntame, maestra, amiga,
cuéntame, maestra... Vida,
por qué me has vuelto a poner
a todos ellos de nuevo
junto a mí, unas veces en mis manos,
otras tantas en mi piel,
en mi mente, en mi recuerdo,
en sus brazos, en mis ojos.

Díme amiga, dí, ¿por qué?
¿Tantos y tantos tuve?
¿Es cierto que tanto amé?
¿Por qué ahora y aquí
me los encuentro otra vez?
¿Ya con todos acabé?
¡Responde amiga Vida,
sé sincera y háblamé!

Los ojos de algunos de ellos
me repiten lo que sé;
esas ventanas del alma
en las que puedo leer
los recuerdos de otras vidas,
los instantes de placer.

Ojos negros que me miran
estremeciendo mi ser.

Otros son de verde mar
o azules de amanecer,
ellos me hablan de batallas,
de luchas, de padecer,
de templos, de sacrificios,
de poderes de mujer,
y navegando por ellos
me reencuentro con mi Ser.

No tengo a uno en concreto
sino a todos a la vez.
Háblame, amiga Vida,
díme lo que puedo hacer
para no dejar de ser
esa mujer «bien amada»
que antaño mi alma fue.

*　　*　　*

Marzo/98

Amistad

DESPERTAR ESPERADO

Buenos días, amiga,
buenos días primavera.
Me causa mucha alegría
verte con tu «imagen nueva».

Tú que eres toda ternura,
dulzura y comprensión,
no dejes que la tristeza,
el olvido o la rutina
deformen tu corazón.

Tú sabes mejor que nadie
la importancia del amor,
el valor de unas palabras,
el consuelo y el calor.

También sabes escuchar
comprender y perdonar,
y sobre todas las cosas
siempre estás dispuesta a dar,
aunque no siempre recibas
de quien más puede pagar.

Tienes tantas, tantas cosas,
que no debes olvidar,
vivir con todas tus fuerzas
los años que cumplirás,

Tu amor de madre, el primero
(como dice un cantar);
el otro, igual de importante
y el de todos los demás
que, si Dios nos lo permite,
siempre junto a ti tendrás.
¡Sé feliz y no te rindas,
tú siempre vas a ganar!

*   *   *

Marzo/90

VIDA EN FLOR

*B*uenos días, Eva,
buenos días, vida en flor,
catorce veranos verdes
dorados y en mil color.

¡Cómo recuerdo, aún ahora,
cuando los tenía yo!
Los recuerdo con cariño
y sobre todo ilusión,
pues ya sabes que te dije
que con catorce veranos
también conocí el amor.

El más bello, el más puro,
casi, casi el mejor;
lleno de fuerza, de vida,
de pasión y de alegría.
Y también algunas veces
todos estos materiales
tejían un fino manto
de tristeza y de dolor.

Porque puede que ya sepas,
o quizá puede que no,
que no siempre se consigue
ni el soñado ni el mejor.
Pero sí debes saber
que la palabra más bella
siempre, siempre es AMOR.

También quiero
que recuerdes, la suerte
que te acompaña.

Eres joven, guapa y buena,
tienes montones de amigas
y una familia estupenda.

¿Qué más podrías pedir
si todas estas personas
piensan cada día en ti?
Aprovecha el «cada día»
y procura ser feliz
con todo lo que ya tienes
y los que están junto a ti,
que los años y la vida
ya se encargarán también
de darte amor, aventuras,
y sorpresas por doquier.

Vívelos con alegría
y procura hacer el bien,
que es la mejor recompensa:
querer mucho y querer bien.

*   *   *

Septiembre/90

LA ROSA DE LA AMISTAD

*B*uenos días, amigo,

mi buen amigo, el mejor,
quiero contarte un secreto,
quiero hablarte de una flor,
una flor que tú plantaste,
que cuidaste, que mimaste,
que cubriste con tu voz...

Esa flor está creciendo
en fragancia y en color
y ha cambiado sus espinas
por mil pétalos de amor.

Según quiere quien la cuida
está abierta en su esplendor
estallando de frescura,
embriagando con su olor.

¡Cuídala buen jardinero!
¡Cuídala bien por favor!,
que quiero que siempre viva
dentro de tu corazón
arropada, protegida.
¡No te la dejes quitar!
que ella es rosa agradecida
y sabiendo que la quieres
nunca se marchitará.

*   *   *

Enero/94

A TI AMIGA, COMPAÑERA

A ti amiga, compañera,
mujer, amante incansable.
Tus ojos hablan de luz
de vida, de comprensión y calor.

Siempre estás presente
en los momentos que se te requiere,
ya sea física o espiritualmente.

Gracias por ayudarme a caminar
en la movida del Amor,
en la que, como sabes,
a pesar de llevar las dos
algún tiempo de marcha,
por caminos e itinerarios,
unas veces paralelos, otras diferentes,
tenemos cosas maravillosas
en común, y siempre dispuestas a compartir.

Quiero que sepas mi agradecimiento
y cariño por tu comprensión,
por enseñarme a integrar
los planetas y todo el universo en el Ser.
Porque me siento cada día más cerca
de ti y de los demás.

En este atardecer de abril, cálido
transparente, silencioso y explosivo
de color, de regalos de la madre tierra,
de aromas penetrantes; una vez más
le doy gracias al Padre por haberte puesto
en mi camino y por permitirme, si tú lo quieres,
ser tu compañera y amiga.

*   *   *

Abril/95

LA AMISTAD SIEMPRE FUE HERMOSA

*L*a amistad siempre fue hermosa
muchas veces comparada al esplendor
de la rosa, pero también como flor
ha de ser bien abonada, bien podada
en su ocasión, con frecuencia bien regada
y en todo momento amada.

Esta rosa que encontramos
a la orilla del sendero
siempre nos va a acompañar
en los tramos pedregosos
y en el camino ligero.

Si hay algo bello en la vida,
entre mil cosas hermosas,
es tener buenas amigas
y un corazón de cristal
para albergar cada día
un ramillete de rosas.

A esta rosa tan discreta,
suave como flor de té,
yo quisiera agradecer
cómo me abrió su esplendor,
su amistad, su corazón,
me permitió compartir
unos días de descanso
y una bonita ilusión.

Por todo ello, mil gracias,
con todo mi corazón,
por sentirme tan feliz.

* * *

Julio/95

PARA TÍ

*L*a música, la vibración
los recuerdos, el amor
¿es un sueño o realidad?
Es tanto para ser cierto
que no se puede contar.

Está pasando mi vida
mi infancia, mi pubertad
mi pasión, mi realidad,
todo junto en este día.

Gracias de nuevo a la Vida,
gracias de nuevo a este amigo
que al regalarme el sonido
me hizo de nuevo soñar.

*   *   *

Febrero/96

QUIERO CANTARLE A LA VIDA

Quiero cantarle a la Vida,
al Amor, a la amistad,
quiero cantar a los niños,
a todos los marginados
y a esas gentes, que en silencio,
por el miedo y la ignorancia
llevan pesadas cadenas
que arrastran desde su infancia.

Las que no saben amar
y tampoco han sido amadas,
a todas ellas les canto
con mi voz y mi palabra
para que vivan la Vida,
que aprendan a perdonar,
que tiren hacia su izquierda
todas las penas pasadas
y empiecen a caminar.

Cantando con voz muy firme,
aunque a veces cuando cantas
sientes ganas de llorar,
ríe, llora, canta, baila
¡pero no dejes de AMAR!
de sentir y de observar,
de luchar por lo que amas
o lo que quieras lograr.

Da gracias todos los días
por despertar y al dormir
y recuerda cada noche
que la experiencia más bella
de todo lo que has vivido
será por siempre VIVIR
Y AMAR COMO TÚ HAS QUERIDO.

* * *

Febrero/97

BUENOS DÍAS, AMIGA

Buenos días, amiga,

tu recuerdo sigue presente en mi corazón.
Hay una música que siempre
te evoca, que te transporta hasta aquí.

Sé que pronto te tendré cerca.
Mas no importa la distancia,
estás aquí junto a mí,
oyendo la música que nos une.
Tú me la silbaste por vez primera
y sigue viva en mi memoria.

La amistad es un tesoro
que no se puede comprar,
es un regalo del cielo
para quien sabe apreciar.

¡Cuántas cosas te diré!
¡Cuántas cosas me dirás!

Habrá pan, música y queso,
velas, incienso y paz.
¡Deseo que vuelvas pronto!
Quiero volver a pasear
junto a ti por la montaña
viendo la tarde caer
y las estrellas brillar.

Vuelve pronto amiga mía
que te tengo que contar...
que dentro de algunos días
la primavera será.

* * *

Marzo/97

TU CUERPO SENTÍA,
TU ALMA VIBRABA

*T*u cuerpo sentía, tu alma vibraba,
tus manos tejían las cuerdas
de seda, de oro, de plata.

Gozo, amor… y pasión,
ternura, fuego, delirio,
belleza, paz, armonía…
¿como puedo describir
lo que mi alma sentía,
lo que tus manos decían?

La música nos transporta
a otros mundos sutiles
de belleza excepcional:
melodía, sentimientos,
sensaciones, vibración,
el éxtasis en tu rostro
los suspiros en tu voz.

Esas manos, esos dedos
que desgarran, que aprisionan,
que recorren, que acarician,
que pulsan con tanto amor.

Ese regalo del cielo
que la Vida te entregó,
hoy ha sido compartido
con la magia de tu «chelo»
que acariciando mi oído,
entre tus brazos cantó.

✳   ✳   ✳

Abril/97

SUEÑO Y REALIDAD

*P*ensé que había sido un sueño,
pensé que un ángel hermano
me había querido abrazar,
pensé que no era posible,
mas... no lo puedo olvidar.

Manos llenas de ternura
de preguntas, de ansiedad,
de silencios infinitos,
de dudas, de soledad.

Manos que saben de amor
de tanto y tanto dar,
del gozo y el sufrimiento
que el amor sabe enseñar.

Manos llenas de alegría
que han sabido compartir
con las mías su dulzura,
sus caricias, su bondad.

Su recuerdo me emociona
y llenan mi alma de paz.

Como tú yo me pregunto:
¿Podré, tal vez algún día,
lo que he sentido olvidar?
Ni quiero, ni sé, ni puedo,
pues confirmo en cada línea
lo que a través de tus manos
me quiso tu alma contar.

Toman vida mis recuerdos
de los años de misión
en chabolas con enfermos,
de esos niños que me miran,
de esos ojos que se clavan
dentro de mí con dolor.

He llorado tanto y lloro
de impotencia, de emoción,
de gozo y de compasión,
que viviendo tu experiencia
se me abre el corazón.
Gracias de nuevo, mi amigo,
por saber que estás ahí,
por ser regalo del cielo
que en esta vida, de nuevo,
nos podamos compartir
los silencios, la ternura
y las ganas de vivir.

*　　*　　*

Noviembre/97

Recuerdos

BUENOS DÍAS MI NIÑA

*B*uenos días mi niña:

Quiero decirte en esta mañana, con lágrimas en los ojos, que te quiero, que te amo. Que perdones si no te dejo ser esa maravillosa niña que fuiste, eres y seguirás siendo.

La niña que se pasaba el día cantando, bailando, actuando, riendo, leyendo. La que hacía esos viajes maravillosos con esa imaginación sin límites; fantástica, creativa, siempre confiada.

Esos momentos infinitos, eternos que compartíamos con el Ser divino con el que tú dialogaste desde muy niña. ¿Recuerdas como te gustaba jugar y correr con los más fuertes, los chicos? Tus continuos disfraces, tus actuaciones. Decían que cuando dormías también cantabas. Reír, cantar, soñar y amar eran tus contraseñas de identificación.

Eras la niña más feliz del universo, cuando al crecer, y antes de empezar a trabajar, fuiste la «profe», la «seño» de las más pequeñas. Luego, siendo adolescente, y trabajando desde muy jovencita, decías que siguieran regalándote muñecas, eran las hijas que siempre deseaste y que aún no has tenido. Te quiero mi niña.

¿Recuerdas tu semblante, tu alegría cuando cantabas a los enfermos, cuando jugabas y reías con los niños y las gentes de las chabolas que visitabas a escondidas? ¿Cómo viviste el primer apretón de manos de tu hijo, recién nacido?

¿Recuerdas nuestras puestas de sol? Tu pasión por las flores. Todos los domingos de primavera ibas con tu padre al trabajo y cogías un bonito ramo de rosas. Siempre fuiste la encargada de cuidar los altares y las flores, tus amigas inseparables.

Sabes que siempre tengo una rosa para ti, mi niña. Tus preferidas siempre fueron las rojas de terciopelo y las blancas, después las azucenas y los nardos. Aromas con los que siempre acortábamos el camino para llegar donde tú y yo sabemos, estar en su presencia, sentir su amor y su paz.

Buenos días mi niña, no dejes de hablarme, de recordarme que nos necesitamos, que nos queremos.

Gracias por seguir estando aquí y ahora, por siempre. Así es y así será.

*　　*　　*

GRANADA POR VEZ PRIMERA

Granada, gitana y mora
agua, flores, luz y amor.
Eres la reina y señora
sobre un vergel de color.

La luna medio limón,
¡Ay luna, luna del alma!
Se eleva con son de zambra
inspirando una canción.

Granada, gitana y mora
¿qué encierra tu noche cálida?
La Alhambra y el Albaycín,
pasión, amor, añoranza...
¡si lo pudiera escribir!

Sacromonte, monte sacro,
rincón de hechizo y pasión
de árabes y cristianos.
¡Cuanto saben tus chumberas
de los amores gitanos!

De techo nieves y piedra,
aguas vivas de tu sierra,
de alfombra flores y fuentes,
imborrables en mi mente
y en el corazón... un verso.

Granada, gitana y mora
embriagadora y sultana.
¡Alhambra de mis amores!
De fondo Sierra Nevada
y en un oasis de flores... ¡GRANADA!

*　*　*

Agosto/70

¡ALHAMBRA DE MIS AMORES!

¡Alhambra de mis amores!
Ya no te puedo olvidar,
donde quiera que me vaya
siempre te recordaré
con emoción y alegría,
con añoranza y placer.

Hoy me siento tan feliz
que no he podido evitar
que me brotaran las lágrimas
de emoción al recordar,
tanta luz, tanta belleza,
su dulzura, su bondad,
tanto saber, tanto dar
a quien desea escuchar
a quien quiere aprovechar
este don, este regalo
de poderte disfrutar.

Caminando en silencio,
sintiendo el agua brotar,
el calor de un sol radiante,
las mariposas jugar,
el color y los perfumes
de las flores al pasar.

¡Alhambra de mis amores,
nunca te dejé de amar!,
pero a partir de este día
nunca te podré olvidar.
¡Ay, Alhambra de mis amores!

Que maravilla es sentir
tu perfume, tu luz, tu magia,
el son del agua al fluir,
la majestad del ciprés,
la fuerza de las murallas,
tus jardines sin igual.

¡Se muere de amor mi alma
tan sólo al contemplar
este día transparente
que ya me quiere embrujar!

¡Alhambra de mis amores!
¡Nunca de podré olvidar!

Cuánto me puedes contar
de sombras, de luz, de agua,
de amor, de fuego, de paz.

Embriágame con tu hechizo,
que no me quiero marchar
de tus patios, de tus fuentes,
de esta dulce eternidad,
de ese suave y fresco viento
que me acaricia al andar,
del amor, de la ternura
que he podido respirar.

*   *   *

Marzo/94

Sugerencias

Deseo que esta obra en su recorrido cronológico, os permita ver, a través de su expresión poética, los procesos evolutivos, los cambios y el despertar al verdadero regalo de la vida: amar y ser amado. Aprender a ser feliz aquí y ahora, a vivir la espiritualidad, a observar, integrar y transformar las soledades, el miedo y el dolor en gozo y alegría. Sobre todo quiero animaros a seguir trabajando cada día para que éste, nuestro planeta, consiga entonar una eterna «Canción de Vida en clave de Amor.

Gracias de nuevo a todos por estar aquí.

＊　＊　＊

Índice

Feli Moreno Romero:
Poeta de la esencia y la sanación

Feli Moreno Romero es una escritora y poeta que trasciende las palabras con una obra que canta a la naturaleza, la solidaridad y el despertar de la Consciencia. Graduada en Naturopatía y formadora de formadores por el RCU María Cristina de El Escorial, ha dedicado su vida a promover la paz y el bienestar integral mediante la poesía, charlas, talleres, la numerología evolutiva, PNL y la Terapia Integrada Multidimensional (TIM), que combina la sanación cuántica, las esencias del antiguo Egipto, reflexología y la técnica metamórfica integrada para el cuidado holístico de sus clientes y lectores.

En cuanto a su obra literaria, Feli Moreno Romero ha publicado tres poemarios: "Canción de Vida en Clave de Amor "Volveré de nuevo a ti" y "Canción de Amor para el Nuevo Amanecer: Poemas para sanar el alma" y tres antologías poéticas: "Espiral", "Los pétalos de Diwan" y "Semper Verbum III."

En sus libros, utiliza metáforas y figuras poéticas para plasmar sus ideas de manera sutil y lírica. Cada palabra está evocada por la naturaleza, el amor y el misticismo para transmitir un mensaje de esperanza y alegría que promueven la unidad, respeto y el Amor a la Madre Tierra. Además de su belleza estética, sus obras también tienen un poder sanador. A través de sus versos, Feli Moreno Romero nos invita a expresar nuestras emociones y liberar aquello que nos atormenta. Nos recuerda que la poesía puede ser un refugio donde encontrar consuelo y fortaleza.

Desde el año 1998 en que presenta su primer poemario en el Centro Cultural de la Villa, ha organizado y participado en varios recitales poéticos, tanto en España como en diferentes países. Entre ellos; Huellas de Al-Ándalus I en Casa Árabe de Córdoba, así como en el Palacio de Carlos V de la Alhambra en Granada en el Proyecto Intercultural Espiral. Ha recitado sus poemas en la SGAE, en diferentes ocasiones y es invitada con frecuencia al Ateneo de Madrid, al Festival de Poesía y Arte Grito de Mujer. Junto a la editorial Libros con Atenea y El Aleatorio Bar participa en la iniciativa Por y Para la Poesía realizando recitales poéticos en homenaje a grandes figuras de la literatura universal y llevando la poesía a los más jóvenes creando talleres escolares en el colegio Centro Cultural Salmantino. Es socia de la Casa de Granada en Madrid y colabora en el Proyecto Cultural Granada Costa.

Cómo contactar con Felí Moreno Romero

☊ Teléfono: 667 76 16 29

☊ Correo:
feli.morenor@gmail.com

☊ Redes Sociales:
feli.morenoromero

VISITA SU ESPACIO DE TERAPIAS NATURALES

Un espacio donde Feli Moreno Romero trabaja e imparte sus experiencias y encuentros aplicando:

δ Naturopatía
δ Fototerapia Bioptrón
δ Técnica Metamórfica Integrada (T.I.M.)
δ Reflexología Podal
δ Flores de Bach

δ Orientación y Desarrollo Personal
δ P.N.L.
δ Numerología Evolutiva
δ Relajación y Visualización

δ Talleres, cursos y conferencias